RACONTE-MOI

RENÉ LÉVESQUE

La collection Raconte-moi *est une idée originale de Louise Gaudreault et de Réjean Tremblay.*

Éditrice-conseil : Louise Gaudreault
Coach d'écriture : Réjean Tremblay
Coordination éditoriale : Pascale Mongeon
Direction artistique : Roxane Vaillant
Révision linguistique : Brigitte Lépine
Révision historique : Alexandre Lanoix
Illustrations : Hélène Lemoine
Design graphique : Christine Hébert

DISTRIBUTEUR EXCLUSIF :

Pour le Canada et les États-Unis :
MESSAGERIES ADP inc.*
2315, rue de la Province
Longueuil, Québec J4G 1G4
Téléphone : 450-640-1237
Télécopieur : 450-674-6237
Internet : www.messageries-adp.com
* filiale du Groupe Sogides inc.,
filiale de Québecor Média inc.

Catalogage avant publication de Bibliothèque et Archives nationales du Québec et Bibliothèque et Archives Canada

Nadeau, Karine, 1981-
René Lévesque
(Raconte-moi)
Pour les jeunes.
ISBN 978-2-924025-96-3
1. Lévesque, René, 1922-1987 - Ouvrages pour la jeunesse. 2. Québec (Province) - Politique et gouvernement - 1960-1976 - Ouvrages pour la jeunesse. 3. Québec (Province) - Politique et gouvernement - 1976-1985 - Ouvrages pour la jeunesse. 4. Québec (Province) - Histoire - Autonomie et mouvements indépendantistes - Ouvrages pour la jeunesse. 5. Premiers ministres - Québec (Province) - Biographies - Ouvrages pour la jeunesse. I. Titre.

FC2925.1.L5N32 2015 j971.4'04092
C2015-940382-0

09-22

Dépôt légal : 2015
Bibliothèque et Archives nationales
du Québec

ISBN 978-2-924025-96-3

Gouvernement du Québec – Programme de crédit d'impôt pour l'édition de livres – Gestion SODEC – www.sodec.gouv.qc.ca

L'Éditeur bénéficie du soutien de la Société de développement des entreprises culturelles du Québec pour son programme d'édition.

Conseil des arts du Canada | Canada Council for the Arts

Nous remercions le Conseil des arts du Canada de l'aide accordée à notre programme de publication.

Nous reconnaissons l'aide financière du gouvernement du Canada par l'entremise du Fonds du livre du Canada pour nos activités d'édition.

Karine R. Nadeau

RACONTE-MOI

RENÉ LÉVESQUE

petit homme

PRÉAMBULE

Sur la promenade des Premiers-Ministres, à côté de l'hôtel du Parlement à Québec, des gens sont rassemblés. En ce 3 juin 1999, la foule est venue assister au dévoilement du monument René-Lévesque. Le bronze du sculpteur Fabien Pagé représente un homme de petite taille vêtu d'un habit et affichant un air sérieux.

Aussitôt la statue présentée, les personnes s'avancent à tour de rôle afin de lire l'inscription sur la plaque, au pied du monument. C'est un court texte plein de sagesse écrit jadis par René Lévesque :

> *Il est un temps où le courage et l'audace tranquilles deviennent pour un peuple, aux moments clés de son existence, la seule forme de prudence convenable. S'il n'accepte pas alors le risque calculé des grandes étapes, il peut manquer sa*

carrière à tout jamais, exactement comme l'homme qui a peur de la vie.

Charles se tient aux côtés de son papa, un peu à l'écart de la foule. Son père a subitement cessé de parler. Une larme a surgi sur sa joue gauche. Visiblement, l'heure est au recueillement. Respectueux, Charles laisse un moment de tranquillité à son papa et se met à observer les alentours.

Un détail attire son attention : le regard de la statue de René Lévesque est dirigé vers le boulevard qui porte également son nom, le boulevard René-Lévesque Est. Un peu comme si l'homme en bronze gardait un œil sur sa propre voie routière.

En observant le monument, Charles se questionne de plus en plus. Qu'a bien pu faire ce René Lévesque pour mériter qu'on lui rende un tel hommage ?

Il est bien indiqué au bas de la statue qu'il a été le premier ministre du Québec de 1976 à 1985. Qu'a-t-il accompli pendant cette période ? A-t-il pratiqué d'autres métiers au cours de sa vie ? Qui est donc cet homme qui a sans doute eu une influence sur le Québec?

Charles soupçonne qu'il s'agit d'un grand personnage. Autrement, on ne lui consacrerait pas toute cette attention et son père n'aurait certainement pas la larme à l'œil...

De retour à la maison, il décide de faire quelques recherches pour percer le mystère: qui était ce René Lévesque?

I

L'ENFANCE EN GASPÉSIE

L'histoire de René Lévesque commence à Rivière-du-Loup, dans le Bas-Saint-Laurent, une région du Québec où les habitants vivent au rythme du fleuve Saint-Laurent. Le fleuve y est si vaste qu'il devient mer.

C'est dans cette petite ville que ceux qui deviendront les parents de René Lévesque font connaissance. Diane Dionne et Dominique Lévesque se marient le 4 octobre 1920. Dominique exerce la profession d'avocat. Il n'est toutefois pas heureux au bureau où il travaille. Peu de temps après le mariage, le couple choisit donc de quitter la ville pour s'installer à New Carlisle, en Gaspésie, toujours au bord de l'eau.

Une fois en Gaspésie, Diane Lévesque accouche d'un premier garçon. Malheureusement, le bébé meurt dès sa naissance. C'est un coup difficile pour le jeune couple, mais des jours plus heureux les attendent. Le 24 août 1922, à l'hôpital de Campbellton au Nouveau-Brunswick, Diane donne naissance à son deuxième fils. René devient ainsi l'aîné de la famille Lévesque.

Dominique Lévesque est un homme très important dans la vie du petit René. Le père transmet d'abord à son fils le goût de la lecture et, plus tard, son intérêt pour la politique. Sur ses genoux, René découvre les lettres de l'alphabet dans les fables de La Fontaine.

— Ici, mon grand, nous avons les premières lettres de l'alphabet : a, b, c, d, e. Quelles lettres viennent après ? demande Dominique à son fiston.

— f, g, h, énumère l'enfant avec assurance.

— C'est exact ! répond son père avec bonté.

Comme son mari, Diane Lévesque aime la lecture. La maison familiale déborde de livres ! Au cours de son enfance, René se perd dans l'univers de *L'île mystérieuse* de Jules Verne et des *Trois mousquetaires* d'Alexandre Dumas. Il lit tout ce qui lui tombe sous la main.

René dévore bientôt tous les livres de la bibliothèque de ses parents. Bien vite, il se met à la recherche de nouvelles lectures. Très débrouillard, il sait comment parvenir à ses fins. Il suffit de trouver la clé donnant accès au trésor : les autres livres ! Lorsque ses parents s'absentent, il se dépêche de chercher dans tous les recoins de la maison. À force de persévérance, René réussit à mettre la main sur les romans des auteurs français Victor Hugo, Émile Zola et Gustave Flaubert. De fascinantes lectures !

Pourquoi les mettre sous clé, ces autres livres ? Parce qu'ils sont alors interdits par l'Église catholique. On dit qu'ils sont mis à l'Index. Écrits par des auteurs, des philosophes ou des scientifiques, ils présentent du contenu qui pourrait détourner les pratiquants des valeurs chrétiennes. Tout bon catholique a le devoir d'éviter ces lectures s'il veut respecter les règles imposées par l'Église.

Quand il n'est pas aux côtés de ses parents, René s'amuse avec ses camarades. Un peu malgré lui, il apprend à nager dans la mer le jour où son ami Gérard le lance au bout du quai.

— Voyons les gars, je ne sais pas... nager ! dit René en avalant une tasse d'eau salée.

Tous ses amis rient de bon cœur.

— Lâche pas, René, tu vas y arriver ! Garde la tête à l'extérieur de l'eau, lui crie Gérard.

René remue les jambes et les bras frénétiquement. Quand il réussit enfin à rester à la surface, il reçoit le titre bien mérité de nageur. Quel exploit !

La grande aventure est de se rendre à l'anse de Paspébiac et de nager dans l'eau réchauffée par le soleil. Défier les vagues et nager le plus loin possible.

Un jour, il est emporté par la marée et est incapable de gagner le rivage. Il perd conscience. À son réveil, une belle fille rousse de 12 ans est penchée au-dessus de lui. Une apparition divine ! Il tombe amoureux de cette fille qui s'appelle Frances. Longtemps, il rêve d'elle sans oser lui avouer son affection. À ce jeune âge, il découvre que son cœur peut battre fort pour une fille.

Après les jeux vient le temps d'aller en classe. René passe tous les jours devant la très jolie New Carlisle Academy, une école secondaire anglophone, en se rendant à sa petite école de rang bien modeste. Il constate que les anglophones possèdent l'argent et le pouvoir. Il n'y a qu'à observer les belles villas dont ils sont propriétaires. Il est évident que leur niveau de vie est supérieur !

À New Carlisle, les francophones et les anglophones se côtoient. René apprend à parler anglais au contact des enfants anglophones. Il devient bilingue, c'est-à-dire qu'il parle deux langues. Il ne maîtrise pas encore parfaitement l'anglais, mais d'autres expériences dans sa vie lui permettront de s'améliorer.

Cette connaissance de l'anglais se révélera un avantage. Toutefois, son père, qui a de nombreux clients anglophones, lui dit souvent :

— Sois toujours fier de parler en français ! Tant que tu le pourras, mon fils. N'aie jamais honte de ta langue maternelle !

À la maison, quand ses parents sont occupés à une tâche, René joue dur avec ses deux frères, Fernand et André, et sa petite sœur, Alice. Ces derniers craignent leur frère aîné. Avec stratégie, René prépare des mauvais tours et menace d'être encore plus méchant avec eux s'ils osent le dénoncer aux parents. Le soir venu, Dominique doit vérifier auprès de ses enfants les méfaits commis par le plus vieux. Il lui arrive de devoir punir René, qui dit toujours la vérité quand une question lui est posée. Le jeune René est franc et ne cherche pas d'excuses !

Ce qu'il aime par-dessus tout, c'est de mettre des araignées sous la robe de sa sœur. À coup sûr, elle réagit fortement et se débat ! À d'autres moments, il agit à titre de protecteur auprès d'Alice. Avec elle, il développera une complicité qui se poursuivra même à l'âge adulte.

Quand les parents sont épuisés de surveiller leur aîné et qu'ils ont besoin d'une pause, ils l'envoient chez ses grands-parents maternels à Rivière-du-Loup. Ce n'est pas une punition pour le garçon ! René se dit : « Enfin, je vais pouvoir jouer au commis de bonbons à un sou dans le magasin général de mon grand-père. J'en mangerai quelques-uns, ou même plusieurs, quand grand-père aura le dos tourné. Miam ! Et grand-maman me montrera de nouveaux trucs aux cartes. » Tout au long de son enfance, à chacune de ses visites à Rivière-du-Loup, il apprend toutes les astuces des jeux de cartes avec grand-maman Alice.

Entouré de sa famille et de ses amis, René vit une enfance stimulante. Bientôt, une nouvelle étape de son cheminement scolaire l'amènera à quitter les siens. Un autre monde s'ouvre à lui !

2

UNE NOUVELLE VIE AU PENSIONNAT

À 11 ans, René quitte sa famille et part étudier au séminaire de Gaspé. Comme c'est à 200 kilomètres de chez lui, il ne peut pas revenir chaque soir à la maison. Il habite donc au pensionnat, où il passe de longs mois sans voir sa famille et ses amis de New Carlisle.

Ce bouleversement est en fait une chance pour René. Peu de francophones ont la possibilité de se retrouver au séminaire. René réalise vite que seuls quelques copains francophones de New Carlisle ont pu le suivre afin de recevoir une éducation basée sur le cours classique, un programme qui dure huit ans. Chaque année est consacrée à une matière en particulier. À son arrivée, René apprend le latin, et plus tard, il étudiera le grec.

Amoureux de la lecture, René souhaite consulter les livres de la bibliothèque scolaire dès son entrée au pensionnat. Il se confie à Paul Joncas, son nouveau camarade :

— Quand mes parents m'ont présenté au directeur, j'ai tout de suite demandé à voir le contenu de la bibliothèque.

— Ah oui ? Pourquoi ? le questionne Paul, qui ne comprend pas la démarche de René.

— Je voulais m'assurer d'avoir assez de divertissements pendant les prochaines semaines. Je n'ai pas envie de m'ennuyer.

— Peut-être pourrions-nous prendre la responsabilité de gérer les livres ? propose Paul.

— Oui, bonne idée.

Paul en profite pour interroger René :

— Comment trouves-tu l'heure du lever le matin ?

— 5 h 45, c'est trop tôt ! lui répond René.

— Et l'heure du coucher, à 21 h ?

— L'horreur ! Qui a imaginé une règle aussi sévère ? C'est exagéré ! Je préférerais lire tard le soir.

Les premiers temps, René est incapable de se réveiller tôt le matin. Il doit s'adapter, lui qui aime tant veiller tard.

Chaque samedi, la règle du pensionnat est de prendre un bain. Mais se laver dans l'eau froide est une expérience pénible. Surtout quand elle se répète semaine après semaine ! René pense à une stratégie et la dévoile à son ami, Paul :

— Je vais glisser un livre dans mon peignoir. Durant l'heure du bain, je plongerai mon gros orteil dans l'eau et je ferai du bruit. Le surveillant croira que je me lave ! Pendant ce temps, je pourrai lire un peu.

— Bonne idée ! Je ferai la même chose.

Et ça fonctionne ! Ils parviennent à déjouer le surveillant avec leur petit stratagème.

Durant leurs temps libres, les élèves jouent à différents sports extérieurs : le drapeau, la balle au mur, le tennis, etc. L'hiver, ils jouent au hockey. Ils ont alors la responsabilité d'arroser et de déblayer la patinoire.

René n'est pas très sportif. Par contre, il a du plaisir à pratiquer le tennis. Sa tante Marcelle lui enseigne la technique durant ses vacances. À 14 ans, il remportera le championnat junior de tennis de la Gaspésie.

René n'est pas non plus très sociable. Il ne fraternise pas beaucoup avec les autres élèves. Il a peu d'amis. Il se tourne du côté du recteur Hamel et s'en fait un allié. De plus petite taille que les autres jeunes, il profite de la protection du recteur.

— René, pourrais-tu faire des commissions après tes cours demain? lui demande un jour le recteur.

— Bien sûr. Vous savez, j'ai aussi une belle main d'écriture. Ma mère me le dit tout le temps, avoue René.

— Excellent! dit le recteur avec enthousiasme. Je cherchais justement quelqu'un pour rédiger à la main les bulletins mensuels.

Le leadership naturel de cet adulte impressionne le jeune René. Une bonne relation s'établit entre les deux et le recteur se révèle un second père pour son protégé.

René est un bon élève. Il obtient d'excellents résultats et de nombreux prix. Il fait ses devoirs et ses travaux sur le coin d'un bureau sans y consacrer trop de temps. Premier de classe, il est surnommé le « petit génie » et en impose.

Lors des vacances de Noël, René retourne à New Carlisle avec ses médailles scolaires dans ses valises, mais comme il a été longtemps parti, il a du mal à retrouver la complicité avec ses frères, Fernand et André, et sa sœur, Alice. C'est la même chose avec ses camarades de New Carlisle, qui ont emprunté des chemins différents de celui du séminaire de Gaspé. Certains de ses anciens amis ont abandonné l'école ou sont partis étudier à l'école secondaire.

Rien n'est plus pareil chez lui ! Rien ! Parce qu'il se sent à part, il a hâte à la fin des vacances. Vivement le retour dans sa nouvelle famille, celle du séminaire !

Après quelques années passées au pensionnat, René vit des moments difficiles. Son père subit une opération et perd des forces. Les médecins décident de le transférer à Québec. Un jour de juin, alors que René est de retour à la maison pour les vacances d'été, sa mère reçoit un appel alarmant. La famille doit rapidement se rendre à Québec, car l'état de Dominique devient de plus en plus critique.

René et sa mère se mettent rapidement en route vers Québec. Ils montent dans la voiture d'un ami, puis dans un train. Ils n'y seront pas à temps. À leur arrivée à Rivière-du-Loup, une tante et un oncle leur annoncent le décès du père de René. Celui-ci n'avait que 48 ans.

À 14 ans, René doit dire au revoir à son héros lors des funérailles :

– Papa, tu pars trop tôt. J'aurais tant voulu faire plus d'activités avec toi et mieux te connaître.

C'est un moment sombre pour le jeune adolescent. Mais les mois passent et la vie reprend tranquillement son cours. René oublie un peu l'absence de son père l'été suivant. Il travaille comme traducteur à la radio locale de New Carlisle, transposant les nouvelles de l'anglais au français. Il lui arrive même de les lire en ondes. Quelles vacances spéciales ! Mais l'adolescent vivra bientôt une autre grande déchirure.

En septembre, alors que René vient d'avoir 16 ans, la famille Lévesque déménage à Québec. La mère de René amorce une deuxième union avec Albert Pelletier, un avocat, qu'elle épousera l'année suivante. À son grand regret, René doit quitter le séminaire et la Gaspésie !

À Québec, son enthousiasme pour les études diminue. Ses notes baissent. À 17 ans, on l'expulse du collège Saint-Charles-Garnier. Il ira finir son cours classique au séminaire de Québec. Tout en poursuivant ses études, le jeune Lévesque devient annonceur et reporter dans des radios de Québec telles que CKCV et CKAC. Il se passionne pour la radio.

René essaie à plusieurs reprises de faire son entrée à Radio-Canada en passant des auditions et en écrivant des lettres de motivation exposant ses qualités. On refuse sa candidature en lui disant qu'il est trop jeune ou qu'il manque d'expérience.

Il commence alors des études en droit à l'Université Laval. Sa mère lui dit à quel point elle est fière qu'il s'oriente vers une carrière semblable à celles de son père et de son beau-père.

À cette époque, les étudiants peuvent fumer dans les grands auditoriums pendant que les professeurs donnent leur cours. René a souvent une cigarette à la bouche. Cette image lui collera à la peau tout au long de sa carrière.

Il intègre finalement l'équipe de Radio-Canada à 19 ans à titre d'annonceur suppléant. Les bureaux sont situés à Québec, au château Frontenac. Cet hôtel de luxe offre une vue directe sur le fleuve Saint-Laurent. C'est un endroit splendide pour travailler !

Durant cette période, le jeune homme partage son temps entre son amoureuse, la belle Louise L'Heureux, la radio, les cartes et les études. Mais un événement historique marquant le forcera bientôt à quitter l'université.

En 1944, alors que la Seconde Guerre mondiale fait rage, le premier ministre canadien Mackenzie King oblige tous les hommes en santé à entreprendre leur service militaire outre-mer. C'est ce qu'on appelle la conscription. René échappera à l'entraînement militaire canadien en jouant un rôle bien spécial lors de cette guerre.

3

LA GUERRE VUE DE PRÈS

De 1939 à 1945, la Seconde Guerre mondiale fait des ravages. Le dirigeant de l'Allemagne, Adolf Hitler, veut que son pays devienne la plus grande puissance d'Europe. Avec son armée, il envahit la France. Plusieurs Français tentent de résister à l'occupation allemande, alors que d'autres y collaborent. Ce conflit militaire majeur s'étend dans toute l'Europe et même au-delà de ses frontières.

En 1944, on recherche des correspondants bilingues pour couvrir la guerre. René est engagé par l'Office of War Information du gouvernement des États-Unis. Il devient reporter de guerre ! En mai, alors âgé de 21 ans, il traverse l'océan Atlantique sur un bateau. C'est la première fois qu'il s'aventure aussi loin de chez lui.

La première ville qu'il découvre est Londres, en Angleterre. Son premier mandat est de participer à l'émission radiophonique *La Voix de l'Amérique*, qui s'adresse aux francophones. Il rédige des nouvelles, écrit de petits scénarios fictifs décrivant le quotidien des militaires et lit des messages codés en ondes. Ces messages donnent des indications aux résistants français et belges qui s'opposent à l'occupation allemande. Même René ne comprend pas le sens de phrases comme « Un ami viendra ce soir » ou « Les carottes sont cuites », mais il fait son travail et les lit.

Lorsqu'il a du temps libre, il écrit des lettres à sa famille et à ses amis. Sa correspondance présente son travail, ses activités et l'ambiance de Londres. Une lettre à sa mère pouvait ressembler à ceci :

Chère maman,

Londres est une ville pluvieuse et grise. Il m'arrive de ne pas voir le soleil pendant plusieurs jours. C'est ennuyant ! Je m'amuse en allant voir un film au cinéma et en sortant avec des amis.

André a dû te parler de ma dernière lettre dans laquelle je décris les bombes volantes. Maman, je te supplie de ne pas t'inquiéter, car en fait, elles font plus de bruit que de dommages. Quand j'entends leur son strident et désagréable (l'horreur !), je me cache sous la table de ma chambre et j'attends qu'elles passent. Tu sais à quel point je peux trouver les meilleures cachettes.

J'aime écrire les dramatiques pour la radio. Recréer les situations vécues par les militaires est agréable, surtout qu'en écrivant de la fiction, je suis moins soumis à la censure. La censure finit par être lourde dans mon travail de journaliste, on me dit : « René, tu peux dire cela, mais le deuxième sujet est interdit. » J'accepte de ne pas tout révéler parce que c'est ma façon d'être solidaire des pauvres soldats sur les champs de bataille. Eux non plus ne font pas uniquement ce qu'il leur plaît.

Tu sais, la nourriture est bien ordinaire ici. J'aimerais que tu m'envoies un peu d'épicerie : des pâtés de foie et des sucreries. Ah oui, du fudge ferait mon bonheur. J'ai déjà hâte de déballer ton paquet.

Ton fils qui se porte bien,
René

Peu importent les urgences de la guerre, René continue de donner des nouvelles à ses proches. Et toujours, il conserve son sens de l'humour. Mais tout n'est pas drôle. Pendant qu'il est en Normandie, dans le nord de la France, on demande même à René d'identifier le corps d'un bon ami du séminaire, le capitaine Raymond Bourget, âgé de 21 ans. René ne le retrouve pas parmi les victimes qu'on lui présente. Un autre soldat confirmera la mort de Raymond. L'injustice de cette guerre meurtrière frappe le reporter.

En février 1945, René quitte Londres, la ville pluvieuse. Il se joint à l'armée des États-Unis en tant que lieutenant junior. Il parcourt l'Alsace, l'Autriche, l'Italie et des villes allemandes. L'armée américaine se prépare à la traversée du Rhin, un long fleuve en Allemagne. Décrire les combats au réseau interne de l'armée et écrire des articles pour divers journaux sont ses principales tâches. Son travail se fait en français et en anglais.

De sa Jeep, il observe des villages détruits par les bombes et les combats. René voit énormément de gens abandonnés et seuls depuis que les autres membres de leur famille ont été tués. Les soldats observent la guerre de près et, par le fait même, la mort. Le danger guette René et ses collègues militaires !

À la fin de la guerre, ils visitent le camp de concentration de Dachau en Allemagne. Les camps de concentration sont des endroits où sont emprisonnées des personnes de nationalités ennemies, de religions ou d'opinions politiques différentes. Ces personnes sont surveillées par la police ou l'armée. René devine les horreurs qu'ont vécues des milliers de prisonniers juifs dans ce camp, qui vient tout juste d'être abandonné par les surveillants nazis. Des personnes innocentes ont été tuées avec cruauté. La folie humaine peut être dévastatrice ! Le jeune Lévesque restera marqué toute sa vie par cette vision. Il détestera la violence et la soif de pouvoir des hommes.

Après la guerre, René attrape la gale, une maladie de peau contagieuse. Que ça démange ! Dans un hôpital de Bruxelles, en Belgique, il guérit grâce à la pénicilline, un antibiotique. René revient à la maison avec une voix faible et éteinte par les conditions malsaines, telles que la neige, le froid et l'humidité, qui régnaient à Saverne, où il a dû se cacher plusieurs jours dans des caves humides de maisons. Avec d'autres soldats, il a attendu qu'un groupe d'Allemands, qui occupait le village, soit déjoué et combattu par les armées américaines et françaises. Il faisait si froid dans ces endroits inadaptés ! Sans oublier les rats qui partageaient l'espace de ces caches avec les soldats ! Dans ces conditions misérables, René a souffert de maux de gorge et a même perdu la voix.

Même si ces ennuis de santé sont fort embêtants pour celui qui travaille à la radio, René a tout de même acquis une solide réputation comme correspondant de guerre. De retour au pays, il s'installe à Montréal et devient annonceur à l'émission *La Voix du Canada* à Radio-Canada. Il travaille également comme chroniqueur de cinéma, un art qu'il apprécie. Voir des films est un loisir qu'il affectionne, tout comme la lecture. Quant à son bilinguisme, il lui sert encore une fois. Il obtient des contrats de traduction qui l'aident à payer ses comptes.

Avant de partir outre-mer, René fréquentait Louise L'Heureux. La jeune femme l'a attendu tout au long de la guerre. Ils se marient enfin le 3 mai 1947 à Québec en compagnie des membres de leur famille. Louise s'établit avec René à Montréal, où ils fondent leur propre famille. Trois enfants naîtront de leur union : deux garçons, Pierre et Claude, puis, quelques années plus tard, une fille, Suzanne. Nouveau papa, René décrit les moindres apprentissages de ses enfants dans des lettres très détaillées qu'il envoie à sa mère. Il est épaté par les gestes de son plus vieux, surnommé Peulot, du deuxième, qu'il appelle Bébé Lévesque, et de sa gentille fillette. Ses enfants l'émerveillent de par leur façon toute neuve de découvrir le monde qui les entoure.

De nouvelles missions à l'étranger éloignent bientôt René du confort de son petit nid familial. À l'été 1951, il prend l'avion à Montréal en direction du Japon. Il arrive à Tokyo, une ville qui est soumise aux Américains depuis la fin de la Seconde Guerre mondiale. Puis, il se déplace en Corée, où un conflit armé fait rage. Il agit à titre de correspondant de guerre et enfile l'uniforme de l'armée canadienne. Des obus lui passent au-dessus de la tête. Il doit éviter les balles des tireurs. Il a la frousse ! Son cœur veut sortir de sa poitrine ! La peur est parfois si forte qu'il en vomirait.

René s'applique à son travail. Il produit un reportage sur l'ennui que ressentent les hommes du Royal 22e Régiment de Valcartier. Caché tout près de leur espace de repos, il enregistre les confidences des militaires fatigués, éloignés de leurs proches et qui n'en peuvent plus de cette guerre. Vie de misère! Leurs propos sont humains et vrais. Les auditeurs ressentent les émotions des militaires et certains en ont les larmes aux yeux.

4

APRÈS LA RADIO, LA TÉLÉVISION

Dans les années 1950, la télévision fait son apparition dans les foyers québécois. Les familles en achètent une et l'installent dans leur salon. C'est tout un événement, l'arrivée de ce nouvel appareil qui allie son et image !

Tout le monde se rassemble autour de l'objet de culte et observe les images qui défilent en noir et blanc. Un jour, le fils de René, Pierre, voit à l'écran un avion qui passe puis disparaît. Il accourt près de la télévision et cherche l'avion dans son salon.

En 1952, Radio-Canada commence à diffuser des émissions télévisuelles. Petit à petit, les Québécois découvrent des émissions pour enfants comme *Pépinot et Capucine*, des émissions sportives dont *La soirée du hockey* et des séries télévisées telles que *La famille Plouffe* et *Les belles histoires des pays d'en haut*.

De son côté, René collabore à l'émission de radio *Carrefour*, avec Judith Jasmin, une comédienne et journaliste qui se tournera finalement vers la réalisation. Un jour, Judith lui demande :

— Que penses-tu de la télévision ?

— J'aimerais un jour être dans le clan des animateurs.

— Pourquoi n'en ferais-tu pas partie, René ?

— Je suis un excellent communicateur, mais j'ai un physique ingrat. Je n'ai pas la tête d'une star, prétend René, conscient de son apparence.

— C'est vrai que tu es désavantagé par ta petite taille, ta tête dégarnie, tes tics et ton éternelle cigarette au bec, le taquine Judith en souriant.

Contrairement à la radio, la télévision mise beaucoup sur l'image, le physique des vedettes. Les patrons de Radio-Canada envisagent un tout autre type de personnalité pour leurs émissions de grande écoute. Mais grâce à ses qualités de journaliste, ils confient tout de même à René le poste d'animateur de l'émission *Point de mire* en 1956.

La partie n'est pas gagnée d'avance. René doit se débrouiller avec une case horaire peu évidente, soit le dimanche à 23 h 15. À cette heure, bien des téléspectateurs ont éteint leur appareil et dorment sous les couvertures. Garder des téléspectateurs devant le petit écran est un véritable pari. René craint-il les défis ? Bien sûr que non ! Avec son émission *Point de mire*, il réussit à s'imposer à la télévision.

À quoi ressemble l'émission ? Le décor simple présente soit un tableau noir, soit une carte géographique. René les pointe avec une baguette en donnant des explications de sa voix faible et peu agréable à l'oreille, héritage de son travail de correspondant de guerre. Qu'à cela ne tienne, il est si facile à comprendre qu'on oublie le chevrotement de sa voix.

Au début de leur collaboration, le réalisateur veut en savoir plus sur son travail d'animateur :

— Combien de temps te faut-il pour préparer une émission ?

— Plus de 80 heures de travail, de recherche et de lecture.

— Waouh ! Tes notes sont-elles prêtes quelques jours à l'avance ?

— Es-tu fou ? s'exclame René. Je dois les retravailler tout au long de la journée de tournage. J'arrive à mon bureau à 6 h. J'écris, je rature, je reprends mon idée. Comme je le dis souvent, j'aurais du contenu pour plus d'une heure et je dois m'en tenir à 30 minutes. Jusqu'à 23 h, je peaufine mon intervention. Je m'accorde une pause de quelques minutes avant d'entrer en ondes.

René est un travailleur acharné, nul doute ! Que fait-il pendant cette pause pour se détendre et souffler un peu ? Il fume abondamment et marche de long en large dans le studio. Les techniciens doivent l'avertir de diminuer sa consommation de cigarettes lorsque le studio s'emplit d'une épaisse fumée.

— Attention, René, tu exagères. Vas-y mollo sur la cigarette. On ne voit plus le décor, bon Dieu ! Une vraie cheminée !

S'ils ne l'arrêtent pas, les caméramans ne pourront plus le distinguer une fois qu'il sera à l'antenne en direct !

— On tourne dans 5, 4, 3, 2, 1, l'avertit un membre de l'équipe technique.

René s'active. Il fournit ses explications et expose ses arguments en fumant. Il jette la cendre de sa cigarette dans le cendrier trônant sur son bureau.

Quels sont les sujets traités à *Point de mire*? Des enjeux internationaux tels que la guerre d'Algérie, qui oppose Français et Algériens, ou la crise du canal de Suez, qui secoue l'Égypte. Le contenu de ses émissions est riche. Des entrevues avec des spécialistes ou des sondages d'opinion effectués dans la rue auprès de la population, appelés *vox pop*, entrecoupent les interventions de l'animateur.

René s'avère un commentateur des affaires publiques hors pair et un excellent vulgarisateur. Autrement dit, peu de gens parviennent à expliquer comme lui, avec des termes faciles à comprendre, des réalités complexes en une demi-heure. Soucieux que la population connaisse les grandes lignes des événements internationaux, il aide les Québécois à s'ouvrir sur le monde.

Une phrase, attribuée au journaliste et sociologue Alfred Sauvy, l'influence fortement : « Être informé, c'est être libre. » En informant les citoyens, René sert le public et l'aide à se forger une opinion. Il aime le défi de simplifier les choses, mais il doit éviter de donner de fausses informations. Devenu un point de référence, il a de grandes responsabilités sur les épaules. Un chauffeur de taxi lui confie :

— J'ai écouté votre émission hier. Je suis d'accord avec le spécialiste que vous avez interviewé à propos de ce que peuvent envisager les Algériens.

Et une mère de famille lui déclare en le croisant à l'épicerie :

— Mon mari et moi regardons votre émission. Je dois vous avouer que, maintenant, nous parlons de politique avant de nous endormir. Je n'aurais jamais pensé que les enjeux internationaux pourraient autant nous intéresser.

Quelle satisfaction pour René d'entendre de tels aveux ! Il relève le pari de l'émission.

5

À LA DÉFENSE DES RÉALISATEURS

René s'implique bien vite dans une autre cause d'importance. À Radio-Canada, 85 réalisateurs de Montréal veulent former un syndicat, c'est-à-dire un regroupement d'employés souhaitant défendre leurs intérêts communs, pour obtenir une meilleure sécurité d'emploi.

Le 29 décembre 1958, les réalisateurs décident de faire la grève, car ils ne s'entendent pas avec leurs patrons. Ils ne rentrent pas au travail et paralysent ainsi une partie des activités de Radio-Canada. Plus de 3000 employés (techniciens, auteurs et annonceurs) les appuient et marchent avec le petit groupe devant l'édifice de Radio-Canada. La grève exige des négociations entre les deux parties : le groupe d'employés et la partie patronale.

GRÈVE
DES
RÉALISATEURS

Au début, René ne se joint pas aux manifestants. Il n'est pas un travailleur permanent et n'a rien à gagner en participant à cette grève. Après tout, il n'est pas réalisateur ! Mais des gens en grève discutent avec lui et le font réfléchir sur la nécessité pour les réalisateurs de former un syndicat. Il finit par prendre part au mouvement. Plus il participe aux événements, plus il comprend l'étendue des injustices que subissent les travailleurs.

La diffusion des émissions normales cesse. Les négociateurs envoyés afin de régler le conflit ne parlent pas un mot de français. Ils ne connaissent pas le travail des réalisateurs francophones. Les réalisateurs anglophones de Toronto laissent leurs collègues francophones s'arranger par leurs propres moyens. Ils ne montrent aucune solidarité envers leurs confrères québécois ! De plus, lors d'une manifestation à Ottawa, le ministre du Travail ne tient pas compte des demandes des grévistes francophones.

Pourquoi la direction ne se soucie-t-elle pas du déroulement des activités des grévistes ? Ce sont ses employés et elle est supposée les protéger. Selon René et plusieurs de ses collègues, rien n'a de bon sens dans cette démarche ! Tous les intervenants anglophones qui pourraient mettre un terme à la grève, ou du moins influencer les négociations, sont-ils de mauvaise foi ? René en conclut que les anglophones ne se soucient pas des demandes des francophones, qui forment une minorité de peu d'importance. Le contexte est difficile.

Les grévistes montent des spectacles qui présentent des sketches, des chansons et des monologues à saveur de revendications. Ces spectacles, présentés à la Comédie canadienne à Montréal et au Colisée à Québec, se nomment *Difficultés temporaires*. La participation de René se remarque et devient le point central des représentations. En réutilisant la formule gagnante de *Point de mire*, soit le tableau et la craie, René explique les faits et donne ses commentaires peu favorables à la position de Radio-Canada. Ses présentations obtiennent un vrai succès ! Les spectateurs l'applaudissent.

René s'engage sans limite dans la grève en ne comptant pas son temps et en ne ménageant pas ses énergies. Il parle abondamment de la situation à qui lui tend un micro. Il agit en vrai porte-parole, convaincu et convaincant par ses arguments.

Le 2 mars 1959, il est arrêté lors d'une manifestation devant Radio-Canada et relâché après quelques heures. Cinq jours plus tard, la grève prend fin. Les réalisateurs obtiennent le droit de se syndiquer et de négocier un contrat de travail. C'est une victoire pour le groupe !

René entrevoit son avenir différemment. Son rôle actif dans la grève l'empêche de reprendre sa place à l'émission *Point de mire*. La relation devient tendue entre lui et son employeur, Radio-Canada, qu'il a ridiculisé. Il faut passer à une autre étape. Le 24 avril 1960, il remet sa démission en précisant : « Longtemps, j'ai expliqué des problèmes. Maintenant, je veux les régler. Être observateur ne m'intéresse plus. Je veux contribuer à changer le Québec ! »

6

BIENVENUE EN POLITIQUE

Une nouvelle carrière s'ouvre devant René : il entre en politique. Le Parti libéral du chef Jean Lesage le recrute :

— Que dirais-tu d'être candidat aux élections provinciales dans Laurier, à Montréal ?

— J'accepte de relever ce défi ! répond René.

La campagne électorale bat son plein. La voix de René est toujours aussi peu plaisante à entendre, mais il attire des foules dans les assemblées. Ses discours sont riches et bien préparés. Ses attaques contre l'adversaire, le parti de l'Union nationale, sont franches et directes. Il sensibilise les électeurs au besoin de prendre position en votant pour lui.

René Lévesque sait utiliser des mots qui touchent les gens, c'est pourquoi Jean Lesage en fait sa vedette. Il s'assure qu'il monte sur scène aussi souvent que possible. Pas mal pour un homme qu'on n'imaginait pas faire de la télévision ! Comme au temps de *Point de mire*, il captive son auditoire. Un silence complet règne lors de ses allocutions. C'est un orateur au grand charme !

À plus petite échelle, dans sa circonscription, des voisins se rassemblent dans les cuisines pour l'écouter avec attention. Lors d'une de ses tournées de porte-à-porte, René fait la connaissance de Johnny Rougeau, un lutteur aux gros bras bien connu du grand public. Peu après, le lutteur se présente au comité de René et lui offre ses services de protection. Johnny sait que certains candidats intimident René et le menacent dans le but de défendre leur territoire électoral.

À cette époque, une campagne électorale est souvent une partie de bras de fer. Johnny veut donner un coup de main au candidat libéral. Surpris de cette proposition, René lui répond :

— Johnny, nous sommes bien différents !

— Oui, je suis d'accord, rétorque Johnny. Mais nos différences sont complémentaires et deviennent nos forces. Je crois en ton honnêteté et en tes capacités de candidat.

Ensemble, ils font le tour de la circonscription. Les gens trouvent que les deux hommes, l'un à la large carrure et l'autre tout petit, forment un drôle de duo ! L'homme politique est suivi à la semelle par le lutteur. René peut profiter du prestige, de la réputation et de la connaissance du quartier de Johnny Rougeau. Il découvre en lui un ami.

À la fin de la campagne, un événement inattendu se produit à côté de la basilique Sainte-Anne-de-Beaupré, située à 30 minutes en voiture de la ville de Québec. Traditionnellement, les malades y viennent de partout pour prier et demander la guérison de maux incurables. Leurs souhaits sont parfois exaucés ! Or, alors que René se trouve à proximité de cette immense église, il retrouve sa voix normale, celle d'avant la guerre. À ses yeux, cette guérison spontanée prend des allures de miracle !

Le marathon de discours donnés par René prend fin la journée des élections, le 22 juin 1960. Ce jour-là, des fiers-à-bras engagés par des partis adverses empêchent même les électeurs d'aller voter. Johnny Rougeau et René s'en mêlent un peu en se présentant dans un bureau de scrutin où des bandits effraient les électeurs. Aucun d'entre eux n'ose s'en prendre au lutteur et à son protégé. Heureusement, la police arrive et met un terme à l'intimidation.

Le Parti libéral remporte la victoire ! Après un recomptage des votes, René est officiellement élu député de Laurier le 4 juillet 1960. Entouré de sa mère, de sa femme et de ses enfants, il fait son entrée en politique !

Son nouveau rôle de politicien lui demande de se comporter d'une certaine manière et de suivre des règles. C'est le protocole. Homme simple et franc, René a du mal à s'habituer à cette marche à suivre. Par exemple, le jour de l'assermentation, il ne porte pas le smoking, habit tout désigné pour cet événement. Si seulement il pouvait éviter ces cérémonies, lui qui préfère l'action et le travail bien fait, sans fla-fla !

Proche des gens, il les reçoit dans son bureau de Montréal et les écoute avec attention. Il doit refuser des enveloppes d'argent qu'on lui offre en vue de l'influencer et de faire avancer plus rapidement un dossier ou une demande. Déstabilisés, les visiteurs prétendent que c'était la façon de faire avec certains de ses prédécesseurs. René leur fait rapidement comprendre qu'avec lui, les choses seront différentes. Finis les passe-droits. Intègre, le politicien veut prendre des décisions éclairées non influencées par l'argent. Et si le visiteur a un surplus d'argent, aussi bien le remettre à un organisme aidant les plus démunis.

7

MAÎTRES CHEZ NOUS !

Pendant une courte période, René Lévesque est ministre des Ressources hydrauliques et ministre des Travaux publics. Puis, on lui confie les rênes du ministère des Ressources naturelles, qui remplace le ministère des Ressources hydrauliques. Un projet lui tient à cœur et René entend se battre pour celui-ci : la nationalisation de l'électricité.

Dans le Québec du début des années 1960, plusieurs entreprises privées et étrangères se partagent l'exploitation des services électriques : Quebec Power Company, Shawinigan Water and Power Company, Saguenay Electric Company, etc. Pour René, ça n'a pas de sens ! Il n'hésite pas à exposer son point de vue :

— Les profits provenant de nos ressources naturelles partent à l'extérieur de la province. Les actionnaires étrangers des compagnies privées s'enrichissent à la place des Québécois. En plus, d'une région à l'autre, les Québécois ne paient pas le même tarif pour l'électricité. C'est injuste ! Qu'attendons-nous pour agir ?

— Quelle solution proposes-tu ? lui demande un collègue ministre.

— Les Québécois devraient prendre en main la seule source d'énergie québécoise : l'électricité. La nationalisation serait la clé du développement économique de leur province.

— Mais sois réaliste, René. Le fait d'acheter les compagnies privées impliquerait des dépenses énormes pour la province.

— Oui, c'est un projet ambitieux, acquiesce René. Donnons-nous les moyens de reprendre l'électricité et de l'exploiter nous-mêmes comme le font d'autres provinces canadiennes et d'autres pays. Moi, je suis prêt à relever le défi ! Pas toi ?

Un homme politique doué sait regrouper autour de lui des gens compétents et spécialisés. Entouré d'une solide équipe, René procède à une étude fouillée et prépare avec soin son dossier. Il résume sa pensée à son équipe :

— Je veux faire d'Hydro-Québec, qui existe depuis 1944, le fournisseur public d'électricité dans la province. La majorité des entreprises privées d'électricité devront être achetées et fusionnées à Hydro-Québec. Avec des arguments et des statistiques, j'arriverai plus facilement à influencer les gens qui ont une opinion différente de la mienne. Quand ils comprendront, ils changeront d'avis. Ils m'appuieront.

À l'été 1962, René part en tournée provinciale. Pas à pas, il explique sa pensée et son projet aux Québécois. Il leur demande de laisser de côté leur peur et les incite à oser s'approprier leurs richesses naturelles, un bien public. Le résumé du message de René se trouve sur ses affiches : « 1960 – libération politique / 1962 – libération économique ». Oui, une libération politique avec l'arrivée du Parti libéral. Maintenant, une libération économique se prépare avec la nationalisation de l'électricité.

Lors de son deuxième mandat avec les libéraux, René aura l'occasion de réaliser son projet de nationalisation avec l'aide financière de banques américaines, qui acceptent de prêter plus de 300 millions de dollars à la province. C'est beaucoup d'argent !

Le nombre d'employés d'Hydro-Québec passe alors de 8900 à 14 000. Les employés francophones parlent français dans leur vie professionnelle. Eux, qui avaient perdu l'habitude de parler leur langue maternelle au boulot, s'adaptent bien à cette nouvelle réalité. Les tarifs électriques sont révisés pour tout le monde. Les Québécois, peu importe leur région, paieront dorénavant le même prix pour l'électricité.

C'est une période de grands bouleversements au Québec. Les années 1960 sont marquées par ce qu'on appelle la Révolution tranquille. C'est une période de changements rapides qui se fait dans le calme et sans violence. Cela se traduit par la création de l'État moderne québécois.

Ainsi, l'État fait maintenant ses propres choix et cesse d'attendre l'approbation de l'Église catholique pour entreprendre des changements économiques, sociaux et culturels. Le gouvernement modifie les lois électorales pour rendre la politique plus transparente et transforme les systèmes d'éducation et de santé ainsi que les services sociaux. Par exemple, il crée le ministère de l'Éducation et les polyvalentes, augmente l'accessibilité à la scolarité pour l'ensemble de la population et fonde un réseau d'hôpitaux publics. Il procède également à la nationalisation de l'électricité. Le Québec se modernise en accéléré.

Au niveau social, la femme mariée obtient un nouveau statut juridique et cesse d'être considérée comme une enfant. Dorénavant, elle peut signer un contrat sans le consentement de son mari et travailler dans un domaine différent de celui-ci.

De plus en plus de femmes délaissent leur rôle de femme au foyer et intègrent le marché du travail.

Une identité nationale québécoise se développe peu à peu. Avant, les gens du Québec se désignaient comme Canadiens français ; dorénavant, ils se présentent comme Québécois. Sensibles à leur condition unique, ils se font de plus en plus confiance et mettent de l'avant leur désir d'être autonomes par rapport au Canada, un pays surtout anglophone. Des groupes se forment et revendiquent l'indépendance du Québec.

Or, en politique, le vent tourne pour René le 5 juin 1966. Ce jour-là, le Parti libéral perd ses élections aux mains de l'Union nationale, dirigée par Daniel Johnson. Après la défaite, René ne peut plus compter sur une position de ministre. Réélu dans la circonscription de Laurier, il siège désormais comme député de l'opposition. Il n'est donc plus du côté du parti qui détient le pouvoir.

De plus en plus d'idées mûrissent dans la tête de René. Il considère que le Québec doit prendre son envol en s'appropriant ce qui lui appartient. Pas seulement l'électricité ! Il veut aller plus loin. Il partage ses intentions avec des collègues de son parti. Ses confrères n'ont pas le même point de vue que lui. Le chef libéral, Jean Lesage, est en complet désaccord avec René. Mis au pied du mur, René doit donner sa démission le 14 octobre 1967.

Voilà que l'homme aux idées différentes de celles de ses confrères n'a plus de travail. Les hommes politiques, qui ne croient pas en ses aspirations, se demandent ce qu'il adviendra de cet homme sans parti. Plusieurs de ses anciens camarades aux ambitions politiques sourient en coin. Le futur premier ministre du Canada Pierre Elliott Trudeau et l'ancien syndicaliste Jean Marchand sont fédéralistes et désapprouvent les choix de René.

René baissera-t-il les bras et laissera-t-il tomber la partie politique ou continuera-t-il sa bataille en suivant ses convictions profondes ?

8

OPTION QUÉBEC

À son entrée en politique, René avait comme ambition de consacrer dix ans de sa vie à ses concitoyens. Comme il a passé sept ans au sein du Parti libéral, il reste trois ans à sa mission politique, qu'il ne se sent pas prêt à abandonner. Il décide de fonder le Mouvement souveraineté-association, car il est maintenant convaincu que le Québec doit devenir autonome. Malgré la méfiance générale et le peu de gens à l'écoute, René poursuit sa quête.

Il fait la promotion de son idée partout en province. Il veut expliquer aux gens que le Québec ne peut se développer et grandir à son rythme en raison des contraintes imposées par le Canada. La langue et la culture propres au Québec créent une réalité différente de celle des autres provinces canadiennes, majoritairement anglophones. Les Québécois formeront toujours une minorité au sein d'un ensemble plus grand et plus fort.

René croit que le Québec doit s'affranchir du Canada. Il veut la souveraineté, qui permettrait au Québec de décider de ses propres lois, au même titre que d'autres pays, comme la France ou les États-Unis.

À l'hiver 1968, René publie le manifeste *Option Québec*, dans lequel il précise sa pensée centrale, qui se résume ainsi : un Québec souverain au sein d'une union économique canadienne.

Dans le paysage québécois, plusieurs mouvements, comme le Rassemblement pour l'indépendance nationale de Pierre Bourgault, le Ralliement national de Gilles Grégoire ou encore le Mouvement souveraineté-association de René Lévesque, revendiquent l'indépendance du Québec. On peut sentir de la tension politique dans l'air. Dans chaque groupe, certains sont prêts à tout pour défendre leurs idées et tenter de les faire passer. Par exemple, le 24 juin 1968, lors d'une célébration de la fête nationale des Québécois, la Saint-Jean-Baptiste, des invités d'honneur assistent à un défilé à Montréal, quand soudain des membres du Rassemblement pour l'indépendance nationale se mettent à lancer des bouteilles de bière et d'autres objets enflammés. Plusieurs manifestants seront arrêtés.

Présents lors de l'événement, Pierre Elliott Trudeau et René sont témoins de ces écarts de conduite. René désapprouve les actes de violence, dont il a vu de près les conséquences désastreuses lors de la Seconde Guerre mondiale. Il ne donnera jamais son accord à de telles manifestations.

— Que pensera la population de cet événement ? lui demande un partisan de son mouvement.

— J'ai peur que la population n'associe la violence au mouvement souverainiste, affirme René. Cette image n'a rien de bon ! Moi qui essaie de convaincre les gens d'adhérer à mon projet ! Il faudra en venir à un seul mouvement indépendantiste, qui transmet un seul message pacifique par ses actions.

Le 11 octobre 1968, le congrès du Mouvement souveraineté-association s'ouvre à Québec. À cette occasion, le Ralliement national fusionne avec le

Mouvement souveraineté-association. Il faut maintenant choisir le nom de ce nouveau parti politique. Dorénavant, il sera connu sous le nom de Parti québécois – c'est à ce parti qu'on rattache encore aujourd'hui René Lévesque.

Peu de temps après ce congrès, Pierre Bourgault dissout le Rassemblement pour l'indépendance nationale. Ses membres intégreront peu à peu le Parti québécois.

Trois principes importants guident constamment la vision du Québec de René : la justice, la confiance en soi et le réalisme politique. La confiance en soi, c'est l'assurance qu'on a les capacités nécessaires pour poser une action ou réussir un projet. Quant au réalisme politique, il signifie que René est conscient de la situation du Québec et qu'il ne mettra pas en branle des idées impossibles à réaliser ou démontrant de l'intolérance à l'endroit des minorités anglophones.

En 1969, le Parti québécois recrute plusieurs nouveaux membres, dont Jacques Parizeau, qui y adhère parce qu'il ne croit pas que deux gouvernements forts peuvent cohabiter dans le même pays. C'est un beau coup pour le Parti québécois ! Jacques Parizeau est un économiste qui a fréquenté les grandes écoles comme la London School of Economics. Il apporte beaucoup de crédibilité au parti.

En 1970, d'autres élections se préparent. René y participe comme candidat dans Laurier, même si ses collègues le mettent en garde :

— Choisis une circonscription où tu as plus de chances de gagner ! Beaucoup des électeurs de Laurier refusent ton idée de souveraineté. Ils ne voteront pas pour toi !

— Non. Je fais confiance à mes électeurs qui m'ont choisi les trois fois précédentes, leur répond René avec calme et confiance.

Pendant la campagne électorale, le programme du Parti québécois a pour titre *La solution,* et un slogan qui tient en une simple affirmation : « Le Parti québécois OUI. » Mais cela ne suffit pas pour

convaincre les électeurs. Le 29 avril 1970, le Parti libéral remporte la victoire. Robert Bourassa devient premier ministre du Québec. Quant à René, il perd dans sa circonscription de Laurier. Ses collègues l'avaient prédit. Quelle déception ! Pourtant, en tant que chef du Parti québécois, il a l'obligation de remonter le moral de ses troupes. René se rend au centre Paul-Sauvé, à Montréal, où l'attendent ses partisans, et proclame :

— Ne trouvez-vous pas que c'est une défaite qui a l'air d'une victoire? Le Parti québécois a tout de même sept députés qui siégeront à l'Assemblée nationale. C'est une percée !

9

LA CRISE D'OCTOBRE

Le mois d'octobre 1970 n'est pas un mois ordinaire. Il ne ressemblera pas aux autres mois d'octobre qui l'ont précédé ni à ceux qui le suivront. Loin de là. Le climat social et politique est tendu au Québec. On vient d'apprendre que le diplomate britannique James Richard Cross, âgé de 49 ans, a été enlevé par quatre individus armés, membres du Front de libération du Québec, le FLQ. Ce mouvement révolutionnaire commet des attentats violents depuis sa création, en 1963, au nom d'un Québec indépendant. Le matin du 5 octobre 1970, les ravisseurs sont entrés par effraction dans la maison de Cross, située dans le riche quartier Westmount, à Montréal. C'est la consternation !

Encore sous le choc de cette nouvelle, tout le Québec sera secoué de nouveau par l'annonce d'un deuxième enlèvement, quelques jours plus tard. En visite au chalet d'un ami pour la fin de semaine, René apprend au bulletin télévisé qu'un ancien collègue a été kidnappé :

— Nouvelle spéciale ! Votre attention, chers téléspectateurs ! Aujourd'hui, le 10 octobre 1970, le Front de libération du Québec annonce l'enlèvement de monsieur Pierre Laporte, ministre du Travail. Ce kidnapping survient cinq jours après l'enlèvement de James R. Cross. Les ravisseurs qui ont posé ces deux gestes d'éclat ont des demandes. Ils veulent la libération de prisonniers politiques, un montant d'argent de 500 000$, la diffusion de leur manifeste dans les médias et un transport par avion vers Cuba ou l'Algérie. Ils menacent même de tuer les otages si leurs demandes ne sont pas acceptées.

Qu'arrivera-t-il à ces deux victimes ? La tension augmente au Québec.

René a bien connu Pierre Laporte du temps où il travaillait au sein du Parti libéral. Touché, il prend la plume et écrit ce qu'il pense dans le *Journal de Montréal*, pour lequel il tient alors une chronique quotidienne. René ne peut laisser les événements se dérouler sans prendre position. Ses chroniques sur l'actualité d'octobre laissent entendre que le premier ministre du Québec, Robert Bourassa, doit trouver lui-même une solution à cette crise. Il ne doit pas attendre que le gouvernement fédéral agisse.

René interpelle Claude Ryan, directeur du journal *Le Devoir*, car cet homme a de l'influence et pourrait l'aider à changer le cours des événements :

— Il faut faire quelque chose ! dit René pour influencer son interlocuteur. Le drame ne doit pas se terminer dans le sang en raison de considérations politiques ou économiques. Les vies de deux hommes ont plus de valeur que des idéologies ou des convictions.

René écrit un texte rassemblant ses idées et celles d'une dizaine de personnes, dont Claude Ryan : la grande priorité reste de sauver la vie des otages.

Il faut donc accepter la libération de prisonniers politiques en échange de ceux-ci. De plus, la crise doit être réglée par le gouvernement provincial sans l'intervention du gouvernement fédéral.

Pierre Elliott Trudeau, premier ministre du Canada, finit par décréter la Loi des mesures de guerre. Cette loi permet aux policiers d'arrêter toute personne suspecte sans mandat. Plus de 400 arrestations ont lieu le matin du 16 octobre ! René n'approuve pas cette loi. Elle contrevient aux droits fondamentaux des citoyens en imposant un couvre-feu. Tous doivent rentrer à la maison tôt le soir. Sinon, ils risquent d'être arrêtés par les policiers. Des camions blindés de l'armée font des rondes de surveillance dans les rues.

Le 17 octobre 1970, le Front de libération du Québec annonce qu'il a assassiné Pierre Laporte. Le corps du ministre a été placé dans le coffre d'une voiture.

René pleure la mort de son ancien collègue. Il ne comprend pas. Pourquoi le gouvernement

le journal de montréal
ÉDI
SPÉC
LOI DE
GUERRE
DÉCRÉTÉE PAR OTTAWA

provincial n'a-t-il pas donné aux ravisseurs ce qu'ils demandaient ? Cela aurait permis de sauver la vie de Pierre. De quel droit les membres du FLQ ont-ils commis un acte aussi violent ? René trouve cet usage de la violence inacceptable.

Quant à James R. Cross, il sera libéré deux mois plus tard.

Le meurtre commis par les membres du FLQ a des conséquences négatives pour le Parti québécois. Aux yeux de la population, l'association entre les deux groupes semble évidente puisqu'ils revendiquent tous deux l'indépendance du Québec. La crise d'Octobre entraîne le départ de 50 000 membres du Parti québécois.

***

En 1973, de nouvelles élections se préparent. Avec le slogan « J'ai le goût du Québec », René et son parti partent en campagne. René change de circonscription électorale et devient candidat de Dorion, à Montréal. Mais les résultats sont

modestes pour le Parti québécois, encore une fois. Le Parti libéral remporte la victoire, avec 102 députés contre 6 pour le Parti québécois. Un score difficile à avaler !

Ne voulant pas décourager ses troupes, René parle d'une victoire morale, car même si le Parti québécois a peu de députés, le tiers de la population québécoise a quand même voté pour lui. Cela signifie que, dans la tête des Québécois, le parti de René est l'opposition officielle, c'est-à-dire le deuxième parti en importance.

Les candidats du Parti québécois ont du mal à accepter les défaites de 1970 et de 1973. Les échecs sont lourds et la fatigue se fait sentir. Ils travaillent fort sans que les résultats soient au rendez-vous. L'essoufflement guette les militants.

René, lui, se pose des questions sur son avenir : « Ai-je toujours envie de poursuivre la bataille politique ? Ai-je l'énergie pour le faire ? Ai-je toujours envie de faire avancer des dossiers sociaux ? L'indépendance est-elle vraiment désirée par les Québécoises et les Québécois ? Sont-ils encore derrière le Parti québécois et, ultimement, derrière moi ? »

Le chef du Parti québécois doute et pense même quitter la politique, mais les gens qui travaillent avec lui et ses partisans l'encouragent à continuer son chemin. Après de longues années de doute et de questionnement, le Parti québécois s'apprête à sortir du brouillard. Un retournement de situation inespéré l'attend aux prochaines élections.

10

ÉLU PREMIER MINISTRE DU QUÉBEC

En 1976, René Lévesque se sent de nouveau prêt à relever le défi d'une troisième campagne à la tête du Parti québécois.

Robert Bourassa, le premier ministre du Québec et le chef du Parti libéral, n'a pas réalisé toutes ses promesses au cours de ses deux mandats. Oui, il a créé plusieurs milliers d'emplois, sauf qu'il laisse de graves problèmes aux Québécois, dont la dette exorbitante des Jeux olympiques de Montréal, qui ont eu lieu à l'été 1976.

Bien en selle et prêt pour les attaques, René mène la campagne avec le slogan suivant : « On a besoin d'un vrai gouvernement. Ça ne peut plus continuer comme ça. » René compte maintenant des gens d'affaires parmi ses partisans.

Le 15 novembre 1976, jour des élections, les gens se déplacent massivement pour voter. Enfin, c'est la victoire pour le Parti québécois ! Victoire ? René parle plutôt d'un miracle ! Le Parti québécois obtient 71 sièges. Après tant de sacrifices et d'acharnement, voilà maintenant la preuve que les Québécois croient en son équipe, en lui et en leur projet. Son rêve devient réalité !

René se déplace au centre Paul-Sauvé, où se regroupent ses partisans. À l'intérieur, c'est la fête ! Les adultes rient et les enfants, assis sur les épaules des parents, chantent. Des gens pleurent de joie. Tous veulent faire une accolade à René, leur héros.

Le nouveau premier ministre a de la difficulté à se frayer un chemin dans cette foule. Arrivé au micro, il est incapable de prendre la parole tellement les gens crient, applaudissent et manifestent leur joie. Il est ému et lève les mains afin de signifier qu'il souhaite s'exprimer. Le micro capte les dires d'un homme de l'entourage de René :

— Ça, c'est de l'histoire, hein !

En cette soirée du 15 novembre 1976, tout est possible. La foule se calme finalement pour écouter le chef. Ses paroles passeront à l'histoire :

— Je n'ai jamais pensé que je pourrais être aussi fier d'être Québécois que ce soir… On n'est pas un petit peuple, on est peut-être quelque chose comme un grand peuple.

Émotif, il promet que le Parti québécois gouvernera avec énergie, honnêteté et enthousiasme.

À 54 ans, René Lévesque devient premier ministre du Québec. Sa vie change. Dorénavant, il sera accompagné par des gardes du corps et des policiers partout où il ira. Adepte de la simplicité et d'une certaine liberté, il devra s'habituer à ce nouvel encadrement.

Au lendemain de l'élection, les Canadiens anglais craignent les conséquences de la victoire du Parti québécois. Le Québec deviendra-t-il un pays ? Des gens d'affaires se demandent si leur argent placé au Québec perdra de la valeur. Voilà la conséquence de la montée au pouvoir d'un

parti souverainiste, qui doit maintenant placer ses joueurs.

Sans perdre de temps, René travaille à la répartition des ministères entre ses députés élus. Il élabore tous les scénarios possibles. Un peu comme s'il mettait en scène une pièce de théâtre, il distribue les rôles et associe le bon acteur aux responsabilités qui lui conviennent. Il considère les forces et les expériences de chacun et essaie de ne pas décevoir les attentes. Voici comment il réfléchit à sa stratégie : « Jacques Parizeau et Claude Morin sont deux bonnes bases pour notre Cabinet. Nous pouvons également compter sur Camille Laurin et Jacques-Yvan Morin, deux anciens chefs parlementaires. Et parmi nos autres vétérans de la Chambre, nous comptons Robert Burns et Marc-André Bédard. »

Il se fait un point d'honneur de choisir de grands intellectuels, des gens cultivés et instruits.

Sa réflexion terminée, il annonce la formation de son Cabinet en rencontrant tour à tour chaque personne qu'il a choisie :

— Jacques Parizeau, je te confie le ministère des Finances, la présidence du Conseil du trésor et le ministère du Revenu. Lise Payette, je te donne le ministère des Consommateurs, des Coopératives et des Institutions financières. Claude Charron, j'ai pensé à toi pour le haut-commissariat à la Jeunesse, aux Loisirs et aux Sports. Jean Garon, tu es la personne toute désignée pour le ministère de l'Agriculture.

René crée également des ministères d'État qui planifieront le développement économique, social, culturel et territorial de la province :

— Bernard Landry, je te choisis pour être ministre d'État au Développement économique. Camille Laurin, tu seras ministre d'État au Développement culturel.

Bien sûr, ces nominations engendrent des joies, des surprises et des frustrations. Malheureusement, on ne peut pas faire que des heureux quand on fait des choix. Certains députés obtiennent ce qu'ils souhaitaient, d'autres doivent faire des compromis et accepter la situation.

***

Quelques semaines après la formation de son Cabinet, un triste événement vient jeter une ombre sur la vie de René. Le 5 février 1977, dans le quartier Côte-des-Neiges de Montréal, René participe à une petite fête avec ses collaborateurs, puis quitte l'endroit en conduisant sa voiture. Corinne Côté, sa secrétaire, prend place sur le siège du passager. Soudain, il se retrouve face à face avec une voiture arrêtée au milieu de la route. À côté, un homme lui fait de grands signes avec les bras.

— Que fait-il là, bonyeu ? Tasse-toi, bougonne René.

Il donne un coup de volant pour l'éviter.

— René, attention ! Il y a un homme par terre, l'avertit Corinne, tout énervée.

Trop tard ! René happe le corps et le traîne sur la route. Voilà ce que l'homme gesticulant voulait lui signifier : il y a un corps sur la chaussée !

René est ébranlé. Il prévient les policiers :

— Agissez avec moi comme vous le feriez avec n'importe quel citoyen. Oubliez que je suis le premier ministre du Québec. Je ne veux pas de traitement spécial.

René subit un violent choc nerveux. Il s'en veut et téléphone à sa sœur Alice pour se confier. S'il pouvait revenir en arrière et éviter ce sans-abri !

C'est un moment difficile pour René, qui est premier ministre de la province depuis moins de trois mois. Sa position d'homme public bien en vue l'oblige à avoir une conduite irréprochable et à donner l'exemple à ses concitoyens. Doit-il démissionner ? Qui lui fera confiance après cet événement ? Finalement, l'enquête conclut à un accident.

Après ce sombre épisode, René revient au boulot. Chaque ministre du Cabinet travaille sur les mandats reçus.

— Lise, tu as la tâche de réformer l'assurance automobile, dit René. Un Québécois sur cinq roule en voiture sans avoir d'assurance ! Ce sont les avocats et les assureurs qui profitent du système actuel. Les primes d'assurance sont trop élevées et les compensations aux victimes d'accident sont trop minces. Les accidentés de la route doivent se battre pour obtenir un peu d'argent. Il faut créer une loi qui protège mieux les conducteurs québécois. À l'exemple de ce que j'ai fait lors de la nationalisation de l'électricité, pars rencontrer les Québécois. Explique-leur les avantages d'une telle loi.

— Mon équipe a bien deviné que ce serait son mandat prioritaire, lui répond Lise. Nous avons pensé au slogan suivant : « La personne avant toute chose. » Qu'en penses-tu ?

— Oui, c'est bon !

Lise Payette met sur pied le régime public d'assurance automobile. Voici ce qu'elle explique aux Québécoises et aux Québécois :

— L'assurance sans égard à la responsabilité fournit une assurance automobile à tous les conducteurs, peu importe qu'ils aient causé ou non l'accident. S'ils subissent des blessures corporelles, ils reçoivent une compensation financière du gouvernement. Dans le cas de dommages matériels, les conducteurs doivent faire appel à leur compagnie d'assurance privée.

De cette loi adoptée découlera la Régie de l'assurance automobile du Québec, appelée aujourd'hui la Société de l'assurance automobile du Québec (SAAQ).

René demande à Camille Laurin de se pencher sur un projet de Charte de la langue française. Celui-ci y travaille.

— René, il faut voir grand et protéger notre langue française. C'est le fondement de notre identité.

— Comment ? l'interroge René.

— Nous réserverons l'accès aux écoles anglaises aux enfants de parents qui ont étudié dans ces écoles. Les immigrants devront inscrire leurs enfants aux écoles françaises. Nous emploierons uniquement le français dans les tribunaux et les textes de lois. De plus, les entreprises s'assureront que leurs employés utilisent le français dans les entrepôts et les bureaux. Et finalement, la publicité et les enseignes devant les commerces seront en français.

Camille Laurin met sur pied une charte. Elle devient le projet de loi 101.

De son côté, René multiplie les visites dans d'autres pays. Il se confie à son cercle rapproché :

— Bien sûr, le premier ministre du Canada, Pierre Elliott Trudeau, n'aime pas ma façon de m'imposer à l'étranger. Il a peut-être l'impression que je représente une menace. Mais je reste convaincu que je dois positionner le Québec si je veux des alliés le jour où la province se transformera en pays.

— Cela ne te dérange pas que monsieur Trudeau te mette des bâtons dans les roues ? le questionne franchement un membre de son équipe. Tout de même, il demande que toute entente entre le Québec et un autre pays soit approuvée par le gouvernement fédéral !

— C'est sûr que je n'aime pas ça ! avoue René. Mais s'il veut jouer serré, je ne peux pas l'en empêcher. Je continue à établir des relations à l'étranger, que ça lui plaise ou non.

René ne baisse jamais les bras devant un adversaire. Il maintient le cap, même si c'est difficile.

II

LA JOURNÉE TYPIQUE D'UN PREMIER MINISTRE

Du temps du pensionnat, René avait du mal à se lever tôt le matin. Devenu premier ministre, il a toujours autant de difficulté à se tirer du lit à une heure matinale. Il arrive donc à son bureau du complexe H, à Québec, vers 10 h.

Dans une salle voisine de son bureau, il mange un petit déjeuner composé de rôties bien noires au beurre d'arachides et d'un café en lisant les journaux. C'est essentiel s'il veut connaître l'actualité. Surtout, il doit savoir ce qui se dit sur son gouvernement et ses ministres. Être informé, c'est avoir les bons outils pour répondre aux journalistes, à ses ministres et à l'opposition. Tout le reste de l'avant-midi, il travaille à son bureau et reçoit des hauts fonctionnaires ou des diplomates étrangers.

En après-midi, il se rend à l'Assemblée nationale pour la période de questions. Avant d'entrer dans la salle, il rencontre son leader parlementaire, Claude Charron, et prend le pouls de l'ambiance qui y règne :

— L'opposition est-elle agressive ? Quels sont les sujets chauds ?

Avec cette information, René peut mieux se préparer à ce qui l'attend. Dans sa tête, il établit déjà son plan de match. Si la période de questions se déroule en faveur de son parti, René se prête au jeu des questions des journalistes. Si la journée est défavorable, il évite les journalistes.

La période de questions est diffusée à la télévision depuis l'arrivée du Parti québécois au pouvoir. Dans le confort de son salon, la population peut suivre les interactions entre les députés au pouvoir et ceux de l'opposition.

De retour à son bureau, en fin de journée, René procède aux rencontres de travail avec son personnel et aux entrevues fixées à son agenda. Il se plonge dans le travail jusqu'à 19 h et même plus. Il cesse d'analyser des dossiers lorsque Corinne vient le rejoindre et lui signale qu'il est temps d'arrêter.

Corinne occupe une place importante dans la vie de l'homme politique. Celle qui est sa secrétaire deviendra sa deuxième épouse. En 1978, René signe les papiers qui officialisent son divorce de Louise L'Heureux. Pour la première fois dans l'histoire du Québec, un premier ministre rompt son mariage. Le 12 avril 1979, il épouse Corinne Côté. René souhaite que ce mariage reste secret. Ses amours lui appartiennent et ne concernent que lui. René mélange le moins possible sa vie publique et sa vie privée.

Mais un événement aussi important qu'un mariage peut-il vraiment rester secret quand un homme porte le titre de premier ministre? Évidemment, la chose se sait. Des photographes attendent les nouveaux mariés à l'extérieur d'une salle du palais de justice de Montréal.

— Un petit bec, s'il vous plaît? ose un journaliste.

— Non! Il ne faudrait pas trop en demander, tranche René.

Le voyage de noces se déroule à Paris. Après l'exotisme du voyage, les mariés reviennent à la réalité.

La semaine, René s'accorde quelques évasions. Il joue avec les enfants des propriétaires de la vieille maison du Vieux-Québec où il loge. Avec les propriétaires, il discute de littérature, de cinéma et d'actualité.

— Pas trop de discussions sur la politique, les supplie René. J'y consacre déjà une bonne partie de mes journées. Je veux me changer les idées après tout.

Dans la capitale nationale, il a également ses endroits préférés: l'épicerie Richard, les restaurants le Continental et le Café de la Paix, entre autres. Au milieu de la semaine, le mercredi soir, il arrive que René et les gens de son Cabinet jouent au poker, jeu qu'il a appris de sa grand-mère maternelle. Quant au jeudi matin, c'est un moment de pause pour les membres de la Chambre.

La fin de semaine, il part avec sa compagne Corinne à leur résidence de Montréal. Ils y sont conduits par un chauffeur, Jean-Guy Guérin. Pendant le déplacement, le premier ministre en profite pour lire des dossiers. Arrivé à destination, René se change les idées en lisant, en jouant au scrabble et en dormant.

Faire la cuisine est un plaisir pour lui. Il agrémente presque tous ses plats de tabasco, une sauce piquante à base de piment. Corinne le taquine :

— Toi et ton tabasco ! Es-tu obligé d'en mettre partout ?

Quand vient le temps des vacances, René aime que son entourage lui déniche un endroit tout près de la mer. Passer les vacances les deux pieds dans l'eau est son unique envie. Peut-être cela lui rappelle-t-il les beaux jours de son enfance à New Carlisle? Rien de mieux pour oublier les tracas du travail. Pourtant, malgré les moments de répit, les grands projets ne sont jamais bien loin dans les pensées de René.

12

LE RÉFÉRENDUM : VERS UN PAYS NOMMÉ QUÉBEC

Toujours désireux de faire du Québec un pays, René veut consulter directement les citoyens sur la question. Il propose de faire un référendum. Il veut accorder à tous les Québécois et les Québécoises le droit de donner leur point de vue sur ce choix politique important. Ils voteront donc en répondant par oui ou non à une question précise.

L'équipe de René réfléchit très sérieusement à cette question. Les mots et les expressions doivent être sélectionnés avec intelligence et justesse. Le peuple québécois doit comprendre les enjeux, la formulation de la question doit donc être claire.

La date du référendum est fixée : 20 mai 1980. D'ici là, le Parti québécois doit convaincre la population d'accepter le principe de la souveraineté-association. René a bien du boulot sur la planche : informer, expliquer et développer la stratégie.

La souveraineté tient en trois principes :

- *faire ses propres lois ;*
- *percevoir ses propres impôts ;*
- *établir des relations avec des pays.*

Selon le Parti québécois, l'idée de créer un pays oblige une association commerciale avec le Canada. Après tout, même si le Québec choisit la souveraineté, la province restera géographiquement collée au Canada. Le Québec ne pourra donc pas couper tous ses liens avec son ancienne patrie.

René met en évidence les avantages de la province qu'il gouverne : sa grande superficie, ses richesses naturelles, dont l'eau, qui sert à produire l'électricité, le niveau de vie élevé de ses habitants et sa population jeune, travaillante et créative. Le peuple québécois s'apprête à poser un geste décisif. Selon René, en répondant OUI, il choisit la direction de l'avenir et du changement. Pour cela, il doit croire en ses capacités et avoir la conviction qu'il a le droit de prendre son destin en main.

René croit que le Québec n'aura jamais pleine liberté de choix si son état de province perdure. Le peuple québécois est minoritaire dans une société où les anglophones sont largement majoritaires. À ses yeux, le temps est venu d'apprendre à se gouverner.

Les opposants à la souveraineté-association mènent le clan du NON. Ils refusent l'idée de tourner le dos au Canada. Ils proclament « Non merci ! » quand le Parti québécois parle de son grand projet et ils soulèvent des interrogations :

— Combien nous coûtera ce projet de pays ? Quel sera le montant de la dette que nous accumulerons en créant nos propres institutions ?

— Est-ce que nos meilleurs travailleurs quitteront la province, ne voulant pas être citoyens de ce nouveau pays ?

— Comment notre petite province devenue un pays pourra-t-elle rivaliser avec de grandes nations comme les États-Unis ?

Parmi ceux qui défendent haut et fort la position du NON, on retrouve Pierre Elliott Trudeau, le premier ministre du Canada, et Claude Ryan, le chef du Parti libéral du Québec.

Les partisans du OUI et du NON se livrent un bras de fer. Du point de vue du Parti québécois, les arguments des partisans du NON sèment le doute dans l'esprit des Québécois. Ils créent un climat de peur qui pourrait faire reculer le peuple devant la possibilité de changer son avenir. Des personnalités publiques montrent leurs couleurs. Des artistes s'affichent dans le camp du OUI, dont les chanteurs Félix Leclerc, Gilles Vigneault et l'humoriste Yvon Deschamps.

OUI
QUÉBEC
POUR LE
NO
C'est NO

La population se divise entre le OUI et le NON. Le Québec bouillonne d'une fièvre politique. Au sein des familles, les débats prennent le premier plan :

— Voyons, oncle Hector, tu ne peux pas rester dans les vieilles pantoufles du fédéralisme. Tu crois que le Québec doit continuer à faire partie du Canada ? C'est dépassé, cette idée-là !

— Attention, le jeune. Toi, tu es trop rêveur ! Tu penses que tout est possible avec ton René Lévesque, qu'on surnomme Ti-Poil. Comment penses-tu qu'il se bâtira, ton pays du Québec ? Il faut de la richesse si le Québec veut s'imposer aux yeux du monde en tant que pays.

— Bien, moi, je fais confiance à nos dirigeants, répond le neveu.

— Pas sûr que nos politiciens soient capables d'entreprendre un aussi gros chantier. Tu es jeune et tu as trop confiance. Tu ne vois pas la réalité en face. Tu peux bien rêver... De toute façon, le OUI ne passera pas !

— On verra bien le 20 mai, dit le neveu sur un ton provocateur.

— Arrêtez avec vos opinions qui finissent par créer de la chicane, dit tante Odette pour calmer un peu le débat. Le souper est prêt. Je vous interdis de continuer vos discussions à table. Allez !

Elle a hâte que le référendum se termine, mais elle redoute le résultat. Elle garde ses opinions et ses convictions pour elle. Elle ne voudrait pas que son mari ou son neveu l'accusent de pencher pour l'un ou l'autre.

De son côté, René se démène pendant la tournée du référendum. Il tente de convaincre les Québécois de miser sur son projet. Le 20 mai 1980, la population se prononce enfin. Les résultats penchent du côté du NON à 59,6 %. Même les francophones refusent en majorité l'idée de souveraineté. C'est un dur coup au cœur pour René ! Lui qui s'est tant battu au nom de son grand projet de souveraineté-association.

Une fois de plus, il franchit les portes du centre Paul-Sauvé à Montréal. L'ambiance est morose ; des gens pleurent dans l'auditoire. Quelle différence par rapport au merveilleux soir du 15 novembre 1976, lorsque le Parti québécois a raflé la victoire ! René doit ravaler sa déception et consoler les personnes venues l'entendre. Épuisé, il tente de prendre la parole, mais l'assemblée lui chante : « Mon cher René, c'est à ton tour de te laisser parler d'amour. » Puis le silence se fait peu à peu. René prend la parole :

— Mes chers amis, si je vous ai bien compris, vous êtes en train de dire : « À la prochaine fois. »

Les gens dans la salle l'applaudissent à tout rompre.

— C'est dur, poursuit René. Ça fait plus mal... que n'importe quelle défaite électorale. Et je sais de quoi je parle...

Ensuite, il demande aux gens d'accepter la victoire du NON, mais de garder le souvenir de cette campagne du OUI et l'espoir. Il affirme que l'égalité politique viendra.

— J'ai confiance qu'un jour, ajoute-t-il, il y aura un rendez-vous normal avec l'histoire que le Québec tiendra. Et j'ai confiance qu'on sera là ensemble pour y assister !

Puis il demande à la foule de reprendre le même refrain de la chanson de Gilles Vigneault qui l'avait accueilli quelques minutes auparavant :

Gens du pays, c'est votre tour
De vous laisser parler d'amour
Gens du pays, c'est votre tour
De vous laisser parler d'amour

René salue la foule et part pour soigner sa blessure à l'âme.

13

UNE BATAILLE AU NOM DE LA CONSTITUTION

Soulagé après le résultat du référendum, le premier ministre canadien Pierre Elliott Trudeau s'attaque à un dossier très important : le rapatriement de la Constitution. Composée de plusieurs documents, la Constitution rassemble l'ensemble des lois fondamentales du pays et détermine la division des pouvoirs entre le Parlement fédéral et les provinces.

La Constitution date de 1867, année de la création du Canada. Certains éléments méritent d'être revus, mais cela ne peut se faire sans l'intervention du gouvernement britannique. Si le Canada veut apporter des changements à ce texte sans passer par le Parlement de Londres, il doit rapatrier la Constitution. De cette façon, il aura la possibilité d'en disposer selon sa volonté. Vivement l'autonomie !

Des visions s'opposent à propos de la manière dont il faut se réapproprier la Constitution. Pierre Elliott

Trudeau veut d'abord la rapatrier, puis la revoir. René n'est pas d'accord. Qu'est-ce qui lui assure que le premier ministre Trudeau ne disposera pas à sa guise de la Constitution en ignorant les modifications demandées par les provinces? René redoute cette possibilité. Selon lui, il serait souhaitable de revoir le partage des pouvoirs entre les provinces et le gouvernement fédéral avant de rapatrier la Constitution. Il veut éviter que le Canada puisse changer la Constitution sans l'accord du Québec.

Plusieurs discussions sur la question ont lieu pour trouver une solution qui pourrait satisfaire les provinces et le gouvernement fédéral. En juin 1980, Pierre Elliott Trudeau dépose 12 propositions constitutionnelles que les dirigeants des provinces auront le temps d'étudier pendant l'été. René a beau chercher dans le document, il ne voit rien sur ce qui fait la particularité du Québec. Il ne découvre que la mention du « peuple du Canada », élément normal quand on sait que Pierre Elliot Trudeau considère le Canada comme un tout. René voit le Québec comme une société distincte par sa langue et sa culture et souhaite que monsieur Trudeau tienne compte.

Les provinces ne sont pas pour le rapatriement selon les conditions proposées par Pierre Elliott Trudeau. Celui-ci s'impatiente de ne pas pouvoir agir. Quand pourra-t-il enfin passer à l'action? Le premier ministre Trudeau prévient qu'il agira seul sans attendre l'accord des provinces. Cette procédure est appelée le rapatriement unilatéral. Toutefois, le Parlement de Londres rend une décision : il n'acceptera pas de donner la Constitution au gouvernement canadien si celui-ci n'a pas l'accord des provinces. Cette décision est une façon de dire au gouvernement fédéral et aux provinces canadiennes : « Entendez-vous ! »

En mars et en avril 1981, de nouvelles élections ont lieu au Québec. Le Parti québécois fait campagne avec le slogan « Faut rester forts au Québec! ». Le 13 avril 1981, pour une deuxième fois, le Parti québécois l'emporte. René Lévesque obtient un deuxième mandat, en tant que premier ministre du Québec, avec plus de députés qu'en 1976.

Tout de suite après la victoire, René discute avec les dirigeants des autres provinces. Ensemble, ils créeront un front commun, soit une alliance visant à ne pas laisser Pierre Elliott Trudeau agir seul. Ce front commun regroupe le Québec, l'Alberta, la Nouvelle-Écosse, la Colombie-Britannique, le Manitoba, Terre-Neuve, l'Île-du-Prince-Édouard et la Saskatchewan.

En septembre 1981, la Cour suprême, le plus haut tribunal au Canada, rend son verdict : le rapatriement unilatéral est légal mais illégitime, c'est-à-dire qu'il est conforme à la loi tout en étant contraire aux conventions voulant que les provinces donnent leur accord. Pierre Elliott Trudeau a donc en partie raison d'agir seul et de s'orienter vers le rapatriement unilatéral.

En novembre, le premier ministre du Canada convoque les provinces. René est nerveux, car, avec le temps, son union avec les autres premiers ministres a perdu de la force. Pierre Elliott Trudeau a su en convaincre quelques-uns de se détacher du front commun en les prenant à part et en leur présentant ses meilleurs arguments. René sent que certains quitteront l'alliance.

Si les dirigeants des provinces ne réussissent pas à s'entendre, le premier ministre Trudeau propose de faire un référendum qui permettrait aux Canadiens de s'exprimer sur la question : « Souhaitez-vous le rapatriement de la Constitution au Canada ? »

N'est-ce pas une idée intéressante pour René, le démocrate, qui aime sonder l'opinion de la population ? René donne son accord. Il n'en faut pas plus pour déranger les autres premiers ministres, qui ne veulent pas d'un référendum compliqué. Vite, il faut en venir à un compromis. Avec cette stratégie, Pierre Elliott Trudeau réussit à briser le front commun déjà fragilisé.

Accompagné de son conseiller, Claude Morin, René retourne à son hôtel et demande aux autres de le prévenir si une entente est sur le point de se conclure. Les premiers ministres des provinces ne tiennent pas compte de leur entente verbale avec René et le laissent tomber en se mettant d'accord dans la nuit du 4 au 5 novembre 1981.

Le lendemain, ses anciens alliés ont un regard fuyant. L'un d'entre eux lui présente l'entente, qui tient sur deux pages. René s'emporte parce qu'on a profité de son absence pour passer un accord. On lui précise qu'avec lui dans les parages, la discussion aurait continué sans fin. Pour René, le 5 novembre 1981 est un jour de rage et de honte. Il est inacceptable que tout soit contrôlé par le Canada. Le Québec, comme les autres provinces, devra se soumettre à des règles qu'il n'a pas choisies et perdra une partie de ses pouvoirs. Selon lui, les premiers ministres des provinces comprendront un jour leur grave erreur. C'est une période sombre de l'histoire du Québec.

À l'intérieur des frontières québécoises, l'équipe de René est confrontée aux grèves des enseignants, des infirmiers et des fonctionnaires en 1982 et en 1983. Les travailleurs veulent l'augmentation salariale promise par le gouvernement, mais celui-ci dit qu'il n'y a pas assez d'argent dans ses coffres. René est traité de menteur.

— Qu'est-ce qu'ils ne comprennent pas à la situation sociale et économique ? commente René. Nous vivons une crise économique. Des travailleurs du secteur privé perdent leur emploi. Pourquoi les employés du gouvernement ne feraient-ils pas leur part en étant moins exigeants ?

Des batailles, René en mène plusieurs. En tant que chef, il a l'obligation de montrer l'exemple et de ne pas s'écarter de son rôle de leader. C'est beaucoup de pression sur ses épaules ! Il doit lire tous les dossiers de A à Z et prendre la décision finale quand son équipe débat trop longtemps une question. Il se sent parfois bien seul au sommet.

Au gouvernement fédéral, des élections ont lieu en 1984. René souhaite faire une ultime tentative pour s'entendre avec le nouveau premier ministre canadien, Brian Mulroney, un homme ouvert au dialogue. Pour ce faire, il demande à son parti de ne plus parler de la souveraineté comme d'un enjeu principal. Il existera toujours une possibilité de revenir à l'idée de la souveraineté plus tard, lorsque les Québécois seront prêts.

Ce changement de discours divise le Parti québécois. D'un côté, il y a ceux qui sont prêts à revoir leur position pour en arriver enfin à discuter avec le gouvernement fédéral. De l'autre, il y a ceux qui refusent de délaisser la grande idée de base du parti. En désaccord avec le chef, plusieurs membres quittent le Parti québécois. René doit recomposer son Cabinet avec ceux qui l'appuient. Une nouvelle campagne électorale est à prévoir, mais elle exigerait beaucoup d'énergie. René a déjà tant donné !

La décision à prendre lui semble maintenant évidente et logique. C'est le temps de préparer son départ de la vie politique.

14

AU REVOIR LA POLITIQUE ET LA VIE

Madame la vice-présidente,
Chère Nadia,

Vous n'étiez pas sans vous douter, comme bien d'autres, que tôt ou tard je quitterais la présidence du parti. Ayant tout pesé de mon mieux, je vous remets la présente qui constitue ma démission prenant effet ce jour même. […]

Je vous saurais gré de transmettre pour moi au Conseil national ce simple message : merci du fond du cœur, merci à vous comme à tous ceux et celles, qui se reconnaîtront, et qui n'ont cessé depuis tant d'années de payer de leur personne et de leur portefeuille pour bâtir, enraciner, maintenir ce projet si sain et démocratique que nous avons dessiné ensemble pour notre peuple.

Amicalement,
René LÉVESQUE

Le 20 juin 1985, René remet sa lettre de démission au Parti québécois. Après 25 ans en politique, le rêve du grand démocrate s'est terminé. Pourquoi le dit-on démocrate ? Toujours, René a été du côté du peuple. Cet homme écoutait la majorité et prenait des décisions selon les opinions des Québécois. Tenir le pouvoir entre ses mains et en abuser ne l'intéressait pas. Tout simplement, René avait envie de servir les gens. C'était sa façon à lui de se sentir utile.

René entreprend une nouvelle étape de la vie : la retraite. C'est la fin des protocoles, des responsabilités et des heures de travail interminables. Que fait-il de cette liberté ? Il voyage avec son épouse Corinne à Paris, en Belgique, en Russie, en Italie, entre autres. Il visite des endroits qu'il n'a pas eu le temps de découvrir quand il était premier ministre.

Il rédige ses mémoires, c'est-à-dire un livre présentant le récit de sa vie. Le 15 octobre 1986, il lance donc sa biographie intitulée *Attendez que je me rappelle...* Les gens s'arrachent les exemplaires en librairie. C'est un énorme succès ! Le public veut en savoir davantage sur René, cet homme qui a marqué l'histoire du Québec.

René partage désormais son quotidien entre des émissions de télévision, des chroniques à la radio, des conférences, la lecture de journaux dans des cafés, des parties de scrabble et des repas entre amis. Ses cigarettes ne sont jamais bien loin.

Le 1er novembre 1987, il fait une crise cardiaque dans son appartement de l'Île-des-Sœurs. Il meurt à 65 ans, avec Corinne à ses côtés. Le choc de son décès retentit bien au-delà des frontières de la Belle Province. Partout, les politiciens reconnaissent l'importance de cet homme qui a laissé sa marque dans le paysage politique.

René a droit à des funérailles d'État, réservées aux ex-premiers ministres ou au premier ministre en poste. Le peuple se déplace pour le voir une dernière fois. Il le salue en chantant : « Mon cher René, c'est à ton tour de te laisser parler d'amour. »

René est enterré au cimetière de Sillery, à Québec. Sur sa pierre tombale, une citation du chanteur Félix Leclerc est gravée :

> *La première page de la vraie belle*
> *histoire du Québec vient de se tourner...*
> *Dorénavant, il fait partie de la courte*
> *liste des libérateurs de peuples.*

15

L'HÉRITAGE DE RENÉ LÉVESQUE

En 2014, 15 ans après le dévoilement du monument René-Lévesque à Québec, Charles se souvient du moment où son père a versé une larme devant le bronze de son idole. Ce jour-là, son père lui a transmis sa passion pour René Lévesque. Maintenant étudiant en journalisme à l'Université Laval, Charles fait un stage au sein d'une équipe de télévision. On lui demande de se rendre dans la rue et d'annoncer aux passants les résultats d'un sondage Léger Marketing qui proclame que la personnalité la plus marquante des 50 dernières années, aux yeux d'une majorité de Québécois, a été René Lévesque.

Par une journée maussade d'automne, Charles, débordant d'enthousiasme, recueille les commentaires spontanés des passants sur le boulevard René-Lévesque à Québec. En voici quelques-uns :

> *« René Lévesque a influencé ma vie de travailleur. J'ai vécu les fusions des compagnies d'électricité quand j'étais contremaître chez Québec Power. Mon patron est devenu Hydro-Québec et j'ai pu travailler dans ma langue maternelle. »*
>
> Jean-Robert, 84 ans

> *« Quel charisme ! Ses discours et sa façon de nous parler me laissaient croire et rêver que le Québec irait bien loin en tant que pays ! J'aurais tant voulu que le OUI passe au référendum. »*
>
> Marc-André, 58 ans

> *« J'aimais regarder son émission* Point de mire. *J'en apprenais davantage sur ce qui se passait dans le monde.*

Je comprenais enfin les grands enjeux politiques grâce à ses explications. »

Odette, 71 ans

« Évidemment qu'il a été marquant, notre cher Ti-Poil. Un homme politique humble et terre à terre qui n'a jamais ménagé les efforts pour les citoyens. »

Martine, 47 ans

« René Lévesque savait rendre des concepts vivants et animés et parler aux gens pour qui la politique était un domaine abstrait. Les Québécois avaient envie de le suivre. Il était un vrai grand premier ministre ! »

France, 51 ans

***

Tout être humain rêve d'accomplir de grands projets et de laisser sa trace. En quoi René Lévesque a-t-il changé le cours de l'histoire du Québec ?

Il a entrepris de grands projets tels que la nationalisation de l'électricité, la création d'un parti politique, la Charte de la langue française, et il a défendu avec passion l'idée de la souveraineté du Québec. Batailleur et homme d'action, il n'hésitait pas à défendre ses points de vue. René avait le courage de ses opinions, même si, pour elles, il a parfois dû quitter une équipe, par exemple celle de Radio-Canada ou celle du Parti libéral. À la fin, il a même dû laisser la gouvernance de la province en tant que premier ministre.

René était un leader avec une forte dose de charisme. S'il était invité à un événement, les gens se dépêchaient de venir entendre ses propos intelligents et convaincants. Il savait parler aux gens, qu'il respectait et aimait tant.

Grâce à lui, les Québécoises et les Québécois ont cru qu'ils avaient le droit de prendre leur place. Ils ont gagné en assurance et en fierté face à leur culture, à leur langue et à leur identité.

Qui aurait pu prédire que ce garçon de New Carlisle aurait une influence aussi marquante sur la société québécoise? Pour beaucoup de politiciens, d'artistes et de gens de tout âge, qu'ils aient connu l'homme ou qu'ils en aient entendu parler, René Lévesque demeure aujourd'hui un modèle de détermination et d'humanité.

CHRONOLOGIE DES ÉVÉNEMENTS

1914-1918	Première Guerre mondiale.
1922	***Naissance de René Lévesque.***
1929-1939	Grande Dépression (crise économique mondiale).
1933	***René quitte sa famille pour étudier au séminaire de Gaspé.***
1939-1945	Seconde Guerre mondiale.
1941-1944	***René est annonceur et reporter aux postes de radio CKCV, CKAC et Radio-Canada.***
1944-1945	***Il est correspondant de guerre en Europe.***
1944	Débarquement de Normandie.
1945	Bombardements atomiques de Hiroshima et de Nagasaki.
1947	***René épouse Louise L'Heureux.***
1951	***Il est correspondant de guerre en Corée.***
1956	***Il devient animateur de l'émission*** **Point de mire.**
1957	Lancement du premier satellite, *Spoutnik*, par l'URSS.
1959	***René participe à la grève des réalisateurs de Radio-Canada.***

1960	***Il fait ses débuts en politique avec le Parti libéral et est élu dans la circonscription de Laurier.***
1963	Assassinat du président américain John F. Kennedy.
1967	Exposition universelle de Montréal.
1967	Le président de la France, Charles de Gaulle, prononce « Vive le Québec libre ! » lors de sa visite au Québec.
1967	***René démissionne du Parti libéral et fonde le Mouvement souveraineté-association, qui deviendra le Parti québécois l'année suivante.***
1969	L'astronaute américain Neil Armstrong marche sur la Lune lors de la mission Apollo 11.
1970	***Lors des élections au Québec, le Parti québécois subit la défaite.***
1970	Crise d'Octobre.
1973	***Lors des élections au Québec, le Parti québécois essuie une autre défaite.***
1976	Jeux olympiques de Montréal.
1976	***Le Parti québécois est élu majoritaire et René Lévesque devient premier ministre du Québec.***

1979 *René épouse Corinne Côté.*

1980 Référendum au Québec (avec comme résultats 59,6 % pour le NON et 40,4 % pour le OUI).

1981 *René est réélu premier ministre du Québec.*

1985 *Il quitte le Parti québécois et son poste de premier ministre.*

1987 *Décès de René Lévesque.*

1995 Deuxième référendum au Québec, qui se soldera aussi par un NON (résultats : 50,6 % pour le NON et 49,4 % pour le OUI).

LES PREMIERS MINISTRES DU QUÉBEC DEPUIS 1900

Nom	Période	Parti
Félix-Gabriel MARCHAND	1900	Parti libéral
Simon-Napoléon PARENT	1900-1905	Parti libéral
Lomer GOUIN	1905-1920	Parti libéral
Louis-Alexandre TASCHEREAU	1920-1936	Parti libéral
Joseph-Adélard GODBOUT	1936	Parti libéral
Maurice Le Noblet DUPLESSIS	1936-1939	Union nationale
Joseph-Adélard GODBOUT	1939-1944	Parti libéral
Maurice Le Noblet DUPLESSIS	1944-1959	Union nationale
Joseph-Mignault-Paul SAUVÉ	1959-1960	Union nationale
Antonio BARRETTE	1960	Union nationale
Jean LESAGE	1960-1966	Parti libéral
Daniel JOHNSON (père)	1966-1968	Union nationale
Jean-Jacques BERTRAND	1968-1970	Union nationale
Robert BOURASSA	1970-1976	Parti libéral
René LÉVESQUE	1976-1985	Parti québécois
Pierre Marc JOHNSON	1985	Parti québécois
Robert BOURASSA	1985-1994	Parti libéral
Daniel JOHNSON (fils)	1994	Parti libéral
Jacques PARIZEAU	1994-1996	Parti québécois
Lucien BOUCHARD	1996-2001	Parti québécois
Bernard LANDRY	2001-2003	Parti québécois
Jean CHAREST	2003-2012	Parti libéral
Pauline MAROIS	2012-2014	Parti québécois
Philippe COUILLARD	2014-	Parti libéral

MÉDIAGRAPHIE

Livres

BEAUDOIN, Louise et François DORLOT. *René Lévesque*, Montréal, Éditions La Presse (coll. Passions), 2007.

GODIN, Pierre. *René Lévesque, un enfant du siècle (1922-1960)*, Montréal, Éditions du Boréal, 1994.

GODIN, Pierre. *René Lévesque, l'espoir et le chagrin (1976-1980)*, Montréal, Éditions du Boréal, 2001.

GODIN, Pierre. *René Lévesque, un homme et son rêve (1922-1987)*, Montréal, Éditions du Boréal, 2007.

LÉVESQUE, René. *Attendez que je me rappelle...*, Montréal, Québec Amérique (coll. Biographie), 2007.

PAULIN, Marguerite. *René Lévesque : une vie, une nation*, Montréal, XYZ (coll. Grandes figures), 2010.

Série télévisuelle

WALKER, Gilles. *René*, Westmount, Christal Films, 2006.

Sites Web consultés

ASSEMBLÉE NATIONALE. « Premiers ministres du Québec depuis 1967 », [En ligne], 2014, [www.assnat.qc.ca/fr/patrimoine/pm.html] (consulté le 11 septembre 2014).

ASSEMBLÉE NATIONALE. « René LÉVESQUE », [En ligne], 2013, [www.assnat.qc.ca/fr/deputes/levesque-rene-4219/biographie.html] (consulté le 22 septembre 2014).

FONDATION RENÉ-LÉVESQUE. *Biographie*, [En ligne], 2014, [fondationrene-levesque.org/rene-levesque/biographie/] (consulté le 19 octobre 2014).

GODIN, Pierre. « LÉVESQUE, RENÉ », *Dictionnaire biographique du Canada*, [En ligne], vol. 21, Université Laval/University of Toronto, 2003, [www.biographi.ca/fr/bio/levesque_rene_21F.html] (consulté le 26 août 2014).

HISTORICA Canada. *L'Encyclopédie canadienne*, [En ligne], 2014, [www.thecanadianencyclopedia.ca/fr/] (consulté le 25 août 2014).

LAROUSSE. *L'Encyclopédie Larousse*, [En ligne], 2014, [www.larousse.fr/encyclopedie] (consulté le 20 septembre 2014).

MUSÉE QUÉBÉCOIS DE CULTURE POPULAIRE. *La Révolution tranquille*, [En ligne], 2015, [www.larevolutiontranquille.ca] (consulté le 2 janvier 2015).

LES COLLABORATEURS

Enfant, **Karine R. Nadeau** adorait se faire raconter des histoires à l'heure du coucher. Devenue adulte, elle aime toujours autant laisser vagabonder son imagination. Elle est une femme de lettres et elle les aime toutes, de A à Z. Après les avoir longtemps étudiées à l'université, voilà qu'elle s'exerce à les assembler pour en extraire ses propres histoires. Quelques-unes pour les grands, d'autres pour les petits, mais toutes certainement pour ceux qui aiment la magie des mots.

D'aussi loin qu'elle se souvienne, **Hélène Lemoine** a toujours aimé s'inventer des histoires. Et dès qu'elle fut en âge de tenir un crayon, elle ne le lâcha plus ! Au gré de ses envies, elle aime dessiner des portraits, des paysages, des animaux, et elle troque parfois le crayon pour les pinceaux ou la tablette graphique. Son travail d'illustratrice lui permet de tracer ses fantaisies en couchant sur le papier des scènes issues de son imagination.

TABLE DES MATIÈRES

DANS LA MÊME COLLECTION

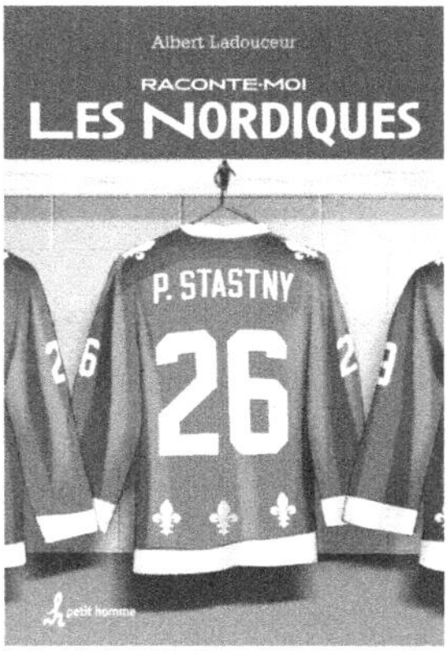